LA RÉFORME

PARLEMENTAIRE.

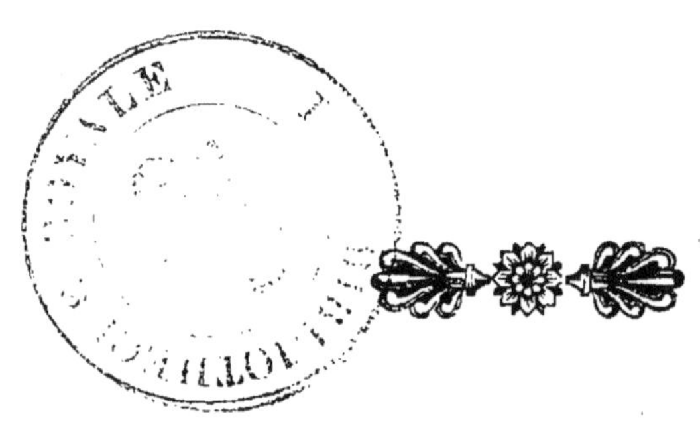

Paris.

IMPRIMERIE-LIBRAIRIE DE G.-A. DENTU,
rue d'Erfurth, n° 1 *bis*.

M D CCC XXXIV.

CHAPITRE Ier.

LA RÉFORME EST LE VŒU DE LA FRANCE.

La réforme parlementaire est le vœu de la France; c'est la restauration de l'ordre et de la liberté sans révolution ni contre-révolution.

Cette grande question, après avoir long-temps germé dans les esprits, est arrivée à ce point de maturité et de force qui réclame une solution immédiate ou prochaine; et cette question porte dans son sein l'avenir de la France, et peut-être celui de l'Europe.

La France entière n'embrasse la réforme parlementaire avec tant de chaleur que parce qu'elle a senti qu'une assemblée générale était l'unique moyen de la tirer, sans l'intervention des partis, d'une situation qui n'est ni la paix, ni la guerre, ni l'ordre, ni la liberté.

La nation dépossédée redemande ses antiques droits; elle demande à la révolution, elle demande à Louis-Philippe ce que la monarchie, ce que Louis XVI accordaient à nos pères.

C'est un imposant spectacle que celui d'une nation grande et fière réclamant avec force, mais avec calme, l'exercice de ses droits.

Jamais, depuis la demande des Etats-Généraux, on n'avait vu une telle conviction, une pareille unanimité.

La réforme va devenir ce torrent populaire qui, en 1789, entraîna tous les esprits et toutes les volontés. Et quel homme, quel pouvoir pourrait jeter dans la balance sa volonté comme le contre-poids de la volonté nationale?

C'est une faible barrière qu'une représentation fictive et qu'une loi de circonstance contre la volonté et le droit de la nation : *il n'y a point de droit contre le droit.*

Le mouvement des esprits ne s'arrêtera que lorsque la France aura obtenu satisfaction, et le mouvement d'un grand peuple qui demande justice est toujours irrésistible.

CHAPITRE II.

DROITS ET DEMANDES DES CONTRIBUABLES. — LE CENS. — LE SERMENT.

La France demande l'émancipation politique et le concours de tous les Français; elle demande que la nation, que la propriété entière entre dans l'élection; que tout Français qui paie l'impôt concourre à nommer les députés qui le votent;

que tout contribuable soit électeur, tout électeur éligible.

Le droit d'élire est inhérent à la propriété; il sort de la nature des choses; il ne peut être donné ou retiré à volonté; il est vieux comme la monarchie, sacré comme la propriété.

Tous les contribuables ont les mêmes droits et les mêmes intérêts que les électeurs du monopole : l'égalité des droits naît de l'égalité des charges.

La loi d'élection viole à la fois le principe de l'ancienne et le principe de la nouvelle Constitution : le droit de la propriété et la souveraineté du peuple.

En 1789, six millions de Français concoururent à nommer la représentation nationale; en 1830, cent soixante-douze mille électeurs ont été appelés à nommer la représentation du monopole. Elle doit disparaître, cette démarcation arbitraire et odieuse qui rappelle la tyrannie et l'esclavage antiques, qui sépare la France en deux nations, qui crée cent soixante-douze mille citoyens et six millions d'ilotes.

Comme le droit d'élire est un droit, et non une concession, nul ne peut prononcer des exclusions, ni poser des restrictions ou des limites; le pouvoir ne peut le soumettre à aucune condition de *cens* ou de *serment.*

Le *cens* est un intérêt de parti : l'élévation ou l'abaissement du cens amène la représentation de tel ou tel parti ; l'abolition du cens amènera la représentation de la France.

Il n'y a rien qui borne autant le choix des électeurs que le cens d'éligibilité. Pourquoi borner, pourquoi contraindre l'électeur dans ses choix? L'élection, de libre qu'elle doit être, devient forcée.

LE SERMENT.

Le serment politique était inconnu sous l'ancienne monarchie : il est en opposition avec le principe de la monarchie élective ; il blesse à la fois la liberté de la conscience, le droit de la propriété et la souveraineté du peuple.

Le serment est une barrière d'autant plus immorale, d'autant plus odieuse, qu'elle n'est un obstacle que pour les hommes d'honneur et de conscience de tous les partis.

Mais le pouvoir s'en est fait un rempart pour resserrer l'élection dans le cercle étroit de ses amis et pour en bannir ses ennemis, *l'Honneur et la Conscience.*

Il réclame pour lui la foi qu'il n'a pas gardée, la fidélité qu'il n'a pas tenue : il est né de la violation du serment; il ne reconnaît aucune re-ligion, et il prend pour point d'appui un acte religieux! il s'appuie sur le serment dont il a brisé la force! Il est en opposition ouverte, il est en lutte perpétuelle avec son principe : il faut qu'il le renverse ou qu'il soit renversé par lui.

Le serment de fidélité emporte la reconnais-sance d'un droit; il implique sujétion envers un souverain qui n'a pour lui ni l'hérédité anté-rieure ni l'élection du peuple; il renferme une idée d'adhésion et de concours : c'est une chaîne jetée sur les électeurs.

Cependant aucune entrave ne doit gêner la liberté de l'électeur, aucune condition ne doit être imposée à son vote : autrement son vote cesse d'être indépendant.

Nous qui voulons la liberté, l'élection pour tous,

Nous repoussons une condition qui écarte de l'élection une opinion toute entière; nous re-poussons une condition arbitraire et immorale qui blesse la conscience et qui opprime le droit.

Electeurs royalistes, l'année 1834 sera rem-plie d'élections : élections municipales, élections de la garde nationale, élections des députés. N'allez pas prêter serment de fidélité à Louis-Philippe; n'allez pas reconnaître un droit qui n'a la sanction ni du temps, ni de la gloire, ni du peuple. Vous représentez le principe de la légitimité; votre force est dans votre principe : ne les abandonnez pas l'un et l'autre; ne sacrifiez pas la morale des devoirs à la morale des intérêts : cet intérêt même est un de ces feux trompeurs qui égarent et qui conduisent dans le précipice. La cause des Stuarts fut perdue quand les *jacobites* devinrent des *torys*.

CHAPITRE III.

DEMANDE DES ROYALISTES. — L'ÉLECTION A PLUSIEURS DEGRÉS.

La réforme parlementaire, telle que la réclame l'opinion légitimiste, présente un système complet d'ordre et de liberté.

Nous demandons, comme base de la réforme, *la liberté*, le concours de tous.

Nous demandons, comme garantie de l'ordre, *l'élection à plusieurs degrés,* dont le premier soit l'élection de la commune.

Montesquieu l'a dit : « Si le peuple ne peut « pas gérer les affaires de l'Etat, il est très-ca-« pable de nommer, dans les localités, les hom-« mes qui doivent représenter ses intérêts. »

Nos demandes sont inspirées par un sincère amour de l'ordre et de la liberté, par un désir sincère d'obtenir la manifestation libre et calme de l'opinion de la France ; si nous voulons con-quérir l'abolition du monopole, ce n'est pas au profit de l'anarchie, ce n'est pas au profit d'un parti, c'est au bénéfice de la nation toute entière.

Ainsi, dans l'intérêt de la liberté, nous de-mandons que tous les Français qui portent leur part des charges publiques, concourent à l'élec-tion des députés qui les votent.

Ainsi, dans l'intérêt de l'ordre, nous deman-dons l'élection à plusieurs degrés, sans lesquels le vote universel, impraticable en réalité, ne se-rait que l'anarchie organisée.

L'élection à plusieurs degrés est le système de-puis long-temps adopté et proclamé par tous les royalistes, qui, seuls, ont d'abord demandé la réforme parlementaire, qui, seuls, avaient de-viné le secret de l'avenir.

Jamais l'opinion, jamais la presse légitimiste n'ont proposé de donner pour base à la monarchie représentative l'*élection directe*.

Ce serait asseoir la monarchie sur une base républicaine.

Le système des royalistes repose sur l'alliance de l'ordre et de la liberté.

Il procède avec mesure et prudence; il procède par degrés : il ne donne pas à tous les citoyens l'élection directe de leurs représentans : au contraire, il répudie ce système avec ses conséquences anarchiques et révolutionnaires; mais il appelle tous les contribuables à concourir, par plusieurs degrés, à la nomination de l'assemblée générale.

CHAPITRE IV.

MOYENS D'ARRIVER A LA RÉFORME.
— APPEL A LA CHAMBRE.

Les moyens d'arriver à l'assemblée générale qui rétablira l'ordre et la liberté, se présentent naturellement.

Il y a trois degrés à suivre.

L'opinion en appelle aujourd'hui à la Chambre ; elle en appellera au corps électoral ; elle en appellerait, en dernier ressort, à la nation.

APPEL A LA CHAMBRE.

La France, qui procède avec ordre et mesure au recouvrement de ses droits, adresse d'abord ses demandes à la Chambre.

Quelle raison, quel prétexte apporterait la Chambre au rejet de ses demandes?

Il n'y a nul danger à accorder le droit d'élire à six millions de gardes nationales, à ces hommes qui ont défendu l'ordre public au péril de leur vie. Vous hésitez à confier le sort du pays à leur suffrage, et vous le confiez à leurs armes!

La république, la guerre civile, la guerre étrangère, ces fantômes que vous évoquez sans cesse, ne sont pas devant vous; vous n'avez devant vous qu'une réforme pacifique demandée par tous : les intérêts publics et privés sont menacés par l'anarchie, par l'émeute, par la guerre. Ils ne le sont pas par une réforme qui mettra la France à l'abri de ces fléaux; ils ne le sont pas par une réforme qui viendra sans trouble, sans réaction, sans déranger les habitudes, les relations ni les affaires, sans altérer la vie sociale, délivrer la France du cauchemar qui l'oppresse depuis trois ans.

Il n'y a nul danger devant vous, nul inconvénient derrière la réforme.

Si vous convoquez deux millions d'électeurs pour nommer les conseils municipaux ; si vous rassemblez six millions de Français pour nommer les officiers de la garde nationale, sans troubler l'ordre, au contraire pour assurer l'ordre public, qui repose sur le bon choix de ces officiers, quel danger trouvez-vous à rassembler huit millions de contribuables, dans leurs communes, pour concourir à l'élection des votans de l'impôt ? L'ordre, qui depuis trois ans a régné dans ces nombreuses assemblées, vous est un sûr garant de l'ordre qui régnerait dans les assemblées générales.

Mais les droits, les intérêts de la France viendront échouer contre l'intérêt de la Chambre ; les pétitions seront repoussées par elle, mais elles seront accueillies par la nation. Nous ne nous adressons à la Chambre que pour être entendus par la France entière.

Il est bon, d'ailleurs, que l'attaque commence au sein du privilége ; il est bon de montrer la représentation fictive en opposition avec l'opinion réelle de la France. Plus le monopole se roidira contre la réforme, plus la nation s'irritera contre lui, se passionnera pour elle : l'obstacle irrite le torrent.

La Chambre rendra un jour compte de ses refus au corps électoral; et des élections de 1834 surgira une majorité nouvelle, dont la mission sera d'abolir le monopole; et tout ce système de division, d'arbitraire, de violences, disparaîtra devant le droit commun et les mandats des colléges électoraux.

La Chambre des *fonctionnaires publics* prolongera donc l'agonie du monopole, elle ne le sauvera pas : l'attaque générale de la France l'a déjà frappé au cœur; il est encore debout, mais il est mort; les élections de 1834 jeteront le cadavre à terre.

La Chambre, dont l'existence est liée à celle du monopole, meurt avec lui; elle meurt, et elle ne renaîtra pas de ses cendres; elle ne sortira plus des colléges électoraux : aux élections nouvelles, le temps et l'opinion auront marché; les hommes et les choses seront renouvelés.

CHAPITRE V.

APPEL AU CORPS ÉLECTORAL. — MANDATS.

La nation appellera des refus de la Chambre au corps électoral ; c'est de lui qu'elle peut obtenir la réforme parlementaire ; c'est de lui qu'elle veut tenir cette amélioration vitale.

Les pétitions se renouvelleront ; les contribuables demanderont aux colléges électoraux de soumettre l'élection au *mandat :* les mandats sont une de nos traditions nationales; les mandats donnés et reçus sont une garantie, sont un engagement entre l'électeur et l'élu : les contribuables demanderont aux colléges électoraux de donner à leurs députés des mandats de réforme parlementaire.

Aux élections de 1834, les opinions, arrivées sur le terrain du droit commun, sentiront la nécessité de donner à leurs candidats le mandat impératif d'abolir le monople et de se séparer sans voter le budget, afin de forcer le pouvoir à convoquer tous les contribuables, pour obtenir de leur concours une représentation véritable, qui seule peut imposer le pays.

La mission de la Chambre de 1834 serait de préparer les voies, d'aplanir les obstacles devant l'assemblée générale; ce serait une Chambre de transition; son mandat serait de détruire le serment et le monopole, de proclamer la réforme parlementaire; et cette mission une fois remplie, elle se retirerait, laissant le budget à voter à l'assemblée nommée par le concours de tous les contribuables, qui peut seule consentir l'impôt d'après les principes et les traditions du pays; qui rétablirait l'ordre et la liberté, parce que la

France a besoin de l'ordre et soif de la liberté ; qui, par son autorité morale, soumettrait tous les esprits, toutes les volontés, toutes les résistances ; car quel parti, quelle faction oserait se mettre en opposition avec la France ?

CHAPITRE VI.

APPEL A LA NATION.

Il est impossible que la voix, que les pétitions
de la France n'arrivent pas à la conscience des
électeurs; qu'ils consentent à devenir les com-
plices du monopole; qu'ils acceptent leur part
de cette odieuse confiscation des droits du pays,

et que de leur conviction, de leurs sympathies nationales il ne sorte pas une majorité nouvelle et des mandats contre le monopole et l'arbitraire.

Mais si, contre toute espérance, ce second recours restait sans effet; si le corps électoral trompait les vœux et la confiance du pays; si les électeurs voulaient retenir pour eux seuls un droit qu'ils savent être le patrimoine de tous; s'ils renommaient la majorité du monopole, pour perpétuer un système déplorable et funeste,

Nous en appellerions aux contribuables, et les contribuables savent quel est le dernier, l'infaillible moyen d'obtenir justice;

Nous en appellerions en dernier ressort à la nation; et la nation sait que la plus facile et la plus forte des résistances, celle devant qui tombent les refus du pouvoir, et quelquefois le pouvoir lui-même, *c'est le refus de l'impôt.*

CHAPITRE VII.

ACTION DES ROYALISTES AVANT ET PENDANT LES ÉLECTIONS.

La réforme parlementaire sera l'œuvre des royalistes.

Dès la fin de l'année 1830, l'opinion légitimiste a proclamé ce grand principe du droit commun, ce retour à l'histoire et aux traditions nationales.

Les royalistes s'étaient seuls placés sur un terrain national ; ils présentaient à la France les images du droit commun et de l'ordre moral, l'alliance de l'ordre et de la liberté : ils sont descendus les premiers, ils ont été long-temps seuls dans la lice ; ils protestaient contre le serment et le monopole ; ils demandaient le concours de tous et la liberté générale, tandis que l'opposition de gauche, long-temps aveuglée par ses passions et ses préjugés, s'égarait en de subtiles discussions sur l'abaissement du cens et l'adjonction des capacités.

L'opinion légitimiste n'avait point en vue l'intérêt de parti, mais les intérêts et les droits de la France ; aussi, quand la gauche demandait une extension arbitraire du cens électoral, et d'insolentes catégories de capacités, elle répondait par ces mots, devenus le cri de la France : *Liberté ! élection pour tous !*

Les cens de 500 fr., de 200 fr., de 100 fr., sont les cens de l'aristocratie, du juste-milieu et de la démocratie ; ce sont des cens de parti : les royalistes n'en veulent pas, parce qu'ils veulent le triomphe de la France et l'extinction des partis ; ils ne veulent pas échanger un monopole pour un autre. Et d'où naîtrait à un parti le droit d'exclure la majorité des contribuables qui ne remplirait pas les conditions d'un nouveau privilége?

L'opposition de gauche n'a compris que tard et qu'imparfaitement cette grande question ; elle a laissé l'ordre et pris la liberté ; mais la liberté sans l'ordre n'est que l'anarchie.

Cependant, la partie la plus loyale et la plus éclairée de l'opinion libérale s'est, à la fin, déterminée à nous suivre sur le terrain du droit commun : grâces à l'action de la presse royaliste, il est un centre où tous les hommes indépendans viennent se réunir ; il est une lice où ils peuvent tous combattre avec des armes loyales ; les questions de parti sont ajournées après la bataille ; et c'est l'extinction des partis qui sortira d'une Assemblée générale née de la réforme.

Les royalistes ont déjà protesté contre le serment et le monopole dans les élections départementales.

Leurs pétitions, la voix de l'opinion, la voix de la presse vont porter à la Chambre le vœu de la France.

Ils protesteront encore contre le serment, dans les élections municipales et dans les élections de la garde nationale.

Mais ce n'est que l'avant-scène du renouvellement intégral de la Chambre.

C'est là qu'un immense effort doit être tenté

pour empêcher le juste - milieu de retremper, pour cinq ans, son système de déception et d'arbitraire : toutes les forces royalistes doivent tendre et concourir à ce but.

Le jour des élections, les royalistes demanderont à voter, sans prêter un serment qui opprime la conscience, le droit et la liberté.

Si le bureau ne fait pas droit à leur demande, ils en appelleront au collége électoral, par ce double motif, que l'autorité de l'assemblée est supérieure à l'autorité du bureau, et que cette grande question ne peut être jugée que par le corps électoral.

Si l'assemblée consultée rejette leur demande, minorité, ils se retireront sans prêter un serment immoral, un serment inutile ; ils se retireront en protestant contre un système qui dépouille les contribuables de leurs droits, contre les entraves apportées à la liberté de la conscience et à l'indépendance de l'élection :

Mais si la majorité des électeurs, pénétrée de ses droits et de ses devoirs, les dispense du serment, les hommes du droit commun nommeront un député, et ils lui donneront pour mandat l'abolition du serment et du monopole.

Ici, un des plus nobles spectacles s'ouvre devant la France.

Représentez-vous l'homme de la monarchie et de la liberté ; le député de vingt colléges, l'élu de la nation, *Chateaubriand*, dont la parole est une puissance, paraissant non à la tribune, mais à la barre de la Chambre, protestant comme O'Connel contre le *serment du Test*, et réclamant l'émancipation de tous les Français.

Oh ! combien ses paroles auront de retentissement dans la France !

La Chambre cassera son élection, mais la nation, dont il aura soutenu les droits, le portera en triomphe, mais les vingt colléges qui l'auront nommé, le nommeront encore aux acclamations de la France. Il reviendra plus grand, plus fort, plus irrésistible, et le monopole sera forcé de fléchir devant un seul homme ; mais cet homme aura derrière lui toute la nation....., ou bien des provinces entières resteront sans représentans, et se tiendront affranchies de l'impôt, qui n'aura point été consenti par leurs mandataires.

CHAPITRE VIII.

RÉSULTATS
DE LA RÉFORME PARLEMENTAIRE.

Un nouveau code électoral est un nouveau gouvernement, a dit *le Constitutionnel.* Imprudens amis, quel aveu faites-vous? Cette royauté n'est donc qu'un édifice éphémère, sans fondement et sans base, qui ne repose ni sur la légitimité ni sur l'élection du peuple? c'est la tente que l'Arabe dresse, en passant, sur le sable, près des ruines de Palmyre : cette royauté née d'un orage, n'a donc ni la sanction, ni l'adhésion, ni les sympathies du peuple, puisqu'il est avoué, même par vous, qu'elle ne pourrait survivre à la manifestation calme et libre, véritable et complète de la volonté de la nation ?

La nation sent, en effet, que le gouvernement actuel, par son origine et son principe, l'a placée sur le penchant de la révolution, de l'insurrection et de l'invasion ; que le danger est en *lui*, que le salut est en *elle* ; elle cherche donc son salut en elle-même ; elle veut placer sa volonté dans la balance politique, afin de rétablir l'ordre social sans secousse, sans crise, sans révolution ; car, ce qu'elle craint le plus, c'est la révolution, c'est la république aux sanglans souvenirs ; ce qu'elle désire le plus, c'est de placer l'ordre matériel sous l'abri de l'ordre moral, sous la protection d'une autorité incontestée, qui dominerait les partis, éteindrait les factions, soumettrait les résistances : or, une assemblée générale qui serait la représentation véritable et complète de la France, aurait cette autorité morale qui met à l'abri l'ordre matériel, et qui abaisse devant la volonté générale la volonté des hommes et des partis.

L'assemblée générale née de la réforme et du concours de tous, mettrait la France à l'abri du *despotisme* et de la *république,* parce que dans toutes les questions de parti, il y aurait deux opinions pour l'ordre et deux opinions pour la liberté; l'union des centres et de la droite ferait toujours prévaloir l'ordre; l'union de la droite et de la gauche ferait toujours prévaloir la liberté; les centres et la droite, qui se seraient unis contre *l'élection directe,* se réuniraient contre la république; la droite et la gauche, qui réclament aujourd'hui contre le monopole, réclameraient alors contre l'arbitraire.

Non, la république ne surgirait point d'une assemblée générale, car cette assemblée serait l'expression de la France, et la France ne veut pas la république.

L'assemblée générale mettrait la France à l'abri de *l'émeute,* de *l'insurrection* et de la *guerre civile.* Elle satisferait aux deux sentimens qui la dominent : la crainte du désordre matériel et le besoin d'ordre moral. Les trois grandes opinions qui partagent la France entreraient dans cette assemblée avec leurs principes et leur force respective; elles seraient en nombre et en position de défendre leurs intérêts; une issue serait donnée à leurs vœux, à leurs plaintes légitimes;

une lice serait ouverte à leurs luttes légales; et toutes les questions de parti viendraient se vider dans un scrutin, au lieu de se vider sur la place publique, ou sur un champ de bataille, dans les rues de Paris, ou dans les champs de la Vendée.

L'assemblée générale mettrait la France à l'abri de la *guerre étrangère;* car l'union des Français naîtrait de l'extinction des partis; la France unie serait calme, et son repos serait celui de l'Europe; la France unie serait forte : et quelle puissance étrangère oserait l'attaquer dans sa force!...

FIN.

TABLE.

FIN DE LA TABLE.

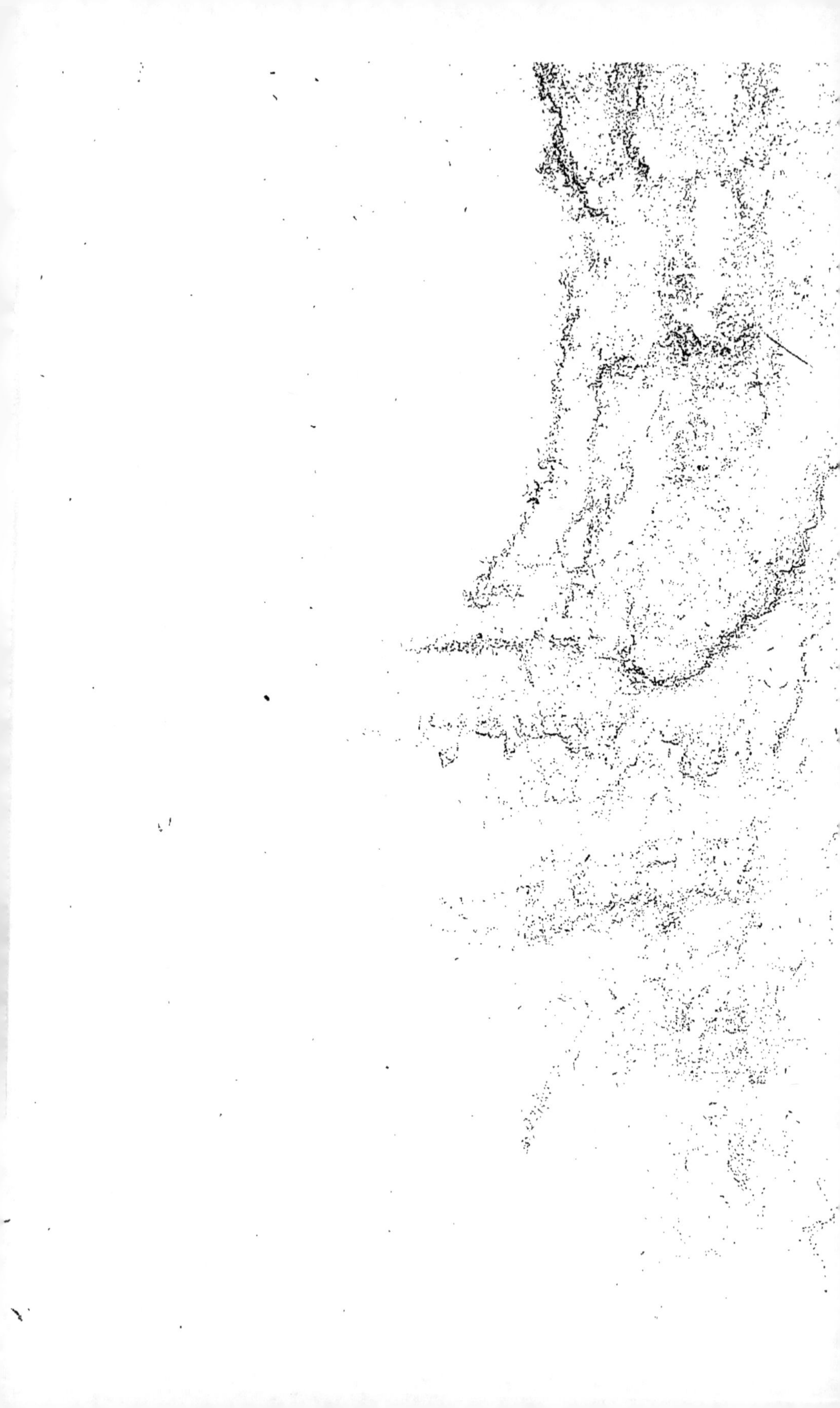